This gymnastics goalbook belongs to:

_____

© Dream Co Publishing 2019. ISBN 978-0-9951317-1-2
Sports club bulk orders: orders@dreamcomedia.nz

Contents:

Info	page 1
Inspirational quotes	page 2
Yearly Goals	page 4
Training Goals	page 8
Competition Goals	page 64

Gymnastics Info:

Name: _____

Age: _____

Level: _____

Club: _____

Coach/es: _____

_____

Favourite skill/s: _____

_____

_____

Favourite apparatus/s: _____

_____

Favourite Olympic gymnast: _____

_____

 **Inspirational words or quotes:**

Inspirational words or quotes:

 ## My Yearly Goals:

Date: _____

Floor:_____
_____

Pommel horse: _____
_____

Rings:_____
_____

Vault:_____
_____

Parallel bars: _____
_____

High bar: _____
_____

Comments:_____
_____

◇ You can do it! ◇

My Yearly Outcomes:

Date: _____

Floor:_____

_____

Pommel horse: _____

_____

Rings:_____

_____

Vault:_____

_____

Parallel bars: _____

_____

High bar: _____

_____

Comments:_____

_____

◇ Go for gold! ◇

My Yearly Goals:

Date: _____

Floor:_____

_____

Pommel horse: _____

_____

Rings:_____

_____

Vault:_____

_____

Parallel bars: _____

_____

High bar: _____

_____

Comments:_____

_____

◇ Dreams are possible. ◇

My Yearly Outcomes:

Date: _____

Floor:_____

_____

Pommel horse: _____

_____

Rings:_____

_____

Vault:_____

_____

Parallel bars: _____

_____

High bar: _____

_____

Comments:_____

_____

◇ Flipping out is fun! ◇

 **My Training Goals:**

Date: _____

Floor: _____
_____

Pommel horse: _____
_____

Rings: _____
_____

Vault: _____
_____

Parallel bars: _____
_____

High bar: _____
_____

Comments: _____
_____

◇ Don't give up! ◇

My Training Outcomes:

Date: _____

Floor:_____

_____

Pommel horse: _____

_____

Rings:_____

_____

Vault:_____

_____

Parallel bars: _____

_____

High bar: _____

_____

Comments:_____

_____

◇ Train like a champion. ◇

My Training Goals:

Date: _____

Floor: _____

_____

Pommel horse: _____

_____

Rings: _____

_____

Vault: _____

_____

Parallel bars: _____

_____

High bar: _____

_____

Comments: _____

_____

◇ Aim high! ◇

My Training Outcomes:

Date: _____

Floor: _____

_____

Pommel horse: _____

_____

Rings: _____

_____

Vault: _____

_____

Parallel bars: _____

_____

High bar: _____

_____

Comments: _____

_____

◇ You're a star! ◇

My Training Goals:

Date: _____

Floor: _____

_____

Pommel horse: _____

_____

Rings: _____

_____

Vault: _____

_____

Parallel bars: _____

_____

High bar: _____

_____

Comments: _____

_____

◇ If you don't try – you won't know ◇
what you're actually capable of.

My Training Outcomes:

Date: _____

Floor:_____
_____

Pommel horse: _____
_____

Rings:_____
_____

Vault:_____
_____

Parallel bars: _____
_____

High bar: _____
_____

Comments:_____
_____

◇ You got this! ◇

# My Training Goals:

Date: _____

Floor: _____

_____

Pommel horse: _____

_____

Rings: _____

_____

Vault: _____

_____

Parallel bars: _____

_____

High bar: _____

_____

Comments: _____

_____

◇ Gymnastics counts as flying. ◇

My Training Outcomes:

Date: _____

Floor:_____

_____

Pommel horse: _____

_____

Rings:_____

_____

Vault:_____

_____

Parallel bars: _____

_____

High bar: _____

_____

Comments:_____

_____

◇ Men's gymnastics is awesome! ◇

My Training Goals:

Date: _____

Floor: _____

_____

Pommel horse: _____

_____

Rings: _____

_____

Vault: _____

_____

Parallel bars: _____

_____

High bar: _____

_____

Comments: _____

_____

◇ Rings, pommel, parallel bars, ◇
high bar, vault and floor!

My Training Outcomes:

Date: _____

Floor:_____
_____

Pommel horse: _____
_____

Rings:_____
_____

Vault:_____
_____

Parallel bars: _____
_____

High bar: _____
_____

Comments:_____
_____

◇ Don't forget to have fun. ◇

My Training Goals:

Date: _____

Floor: _____

_____

Pommel horse: _____

_____

Rings: _____

_____

Vault: _____

_____

Parallel bars: _____

_____

High bar: _____

_____

Comments: _____

_____

◇ Run towards a challenge, not away from it. ◇

My Training Outcomes:

Date: _____

Floor: _____

_____

Pommel horse: _____

_____

Rings: _____

_____

Vault: _____

_____

Parallel bars: _____

_____

High bar: _____

_____

Comments: _____

_____

◇ Fly like an eagle. ◇

My Training Goals:

Date: _____

Floor: _____

_____

Pommel horse: _____

_____

Rings: _____

_____

Vault: _____

_____

Parallel bars: _____

_____

High bar: _____

_____

Comments: _____

_____

◇ You're amazing. ◇

My Training Outcomes:

Date: _____

Floor:_____
_____

Pommel horse: _____
_____

Rings:_____
_____

Vault:_____
_____

Parallel bars: _____
_____

High bar: _____
_____

Comments:_____
_____

◇ Believe – achieve. ◇

My Training Goals:

Date: _____

Floor: _____

_____

Pommel horse: _____

_____

Rings: _____

_____

Vault: _____

_____

Parallel bars: _____

_____

High bar: _____

_____

Comments: _____

_____

◇ .. it's a gymnast thing. ◇

My Training Outcomes:

Date: _____

Floor:_____

_____

Pommel horse: _____

_____

Rings:_____

_____

Vault:_____

_____

Parallel bars: _____

_____

High bar: _____

_____

Comments:_____

_____

◇ Be strong, be powerful. And smile! ◇

 **My Training Goals:**

Date: _____

Floor: _____

_____

Pommel horse: _____

_____

Rings: _____

_____

Vault: _____

_____

Parallel bars: _____

_____

High bar: _____

_____

Comments: _____

_____

◇ You can do it! ◇

My Training Outcomes:

Date: _____

Floor:_____
_____

Pommel horse: _____
_____

Rings:_____
_____

Vault:_____
_____

Parallel bars: _____
_____

High bar: _____
_____

Comments:_____
_____

◇ Go for gold! ◇

My Training Goals:

Date: _____

Floor:_____

_____

Pommel horse: _____

_____

Rings:_____

_____

Vault:_____

_____

Parallel bars: _____

_____

High bar: _____

_____

Comments:_____

_____

◇ Dreams are possible. ◇

My Training Outcomes:

Date: _____

Floor:_____

_____

Pommel horse: _____

_____

Rings:_____

_____

Vault:_____

_____

Parallel bars: _____

_____

High bar: _____

_____

Comments:_____

_____

◇ Flipping out is fun! ◇

My Training Goals:

Date: _____

Floor: _____

_____

Pommel horse: _____

_____

Rings: _____

_____

Vault: _____

_____

Parallel bars: _____

_____

High bar: _____

_____

Comments: _____

_____

◇ Don't give up! ◇

My Training Outcomes:

Date: _____

Floor: _____

_____

Pommel horse: _____

_____

Rings: _____

_____

Vault: _____

_____

Parallel bars: _____

_____

High bar: _____

_____

Comments: _____

_____

◇ Train like a champion. ◇

 **My Training Goals:**

Date: _____

Floor: _____

_____

Pommel horse: _____

_____

Rings: _____

_____

Vault: _____

_____

Parallel bars: _____

_____

High bar: _____

_____

Comments: _____

_____

◇ Aim high! ◇

My Training Outcomes:

Date: _____

Floor: _____

_____

Pommel horse: _____

_____

Rings: _____

_____

Vault: _____

_____

Parallel bars: _____

_____

High bar: _____

_____

Comments: _____

_____

◇ You're a star! ◇

My Training Goals:

Date: _____

Floor: _____

_____

Pommel horse: _____

_____

Rings: _____

_____

Vault: _____

_____

Parallel bars: _____

_____

High bar: _____

_____

Comments: _____

_____

◇ If you don't try – you won't know what you're actually capable of. ◇

My Training Outcomes:

Date: _____

Floor: _____

_____

Pommel horse: _____

_____

Rings: _____

_____

Vault: _____

_____

Parallel bars: _____

_____

High bar: _____

_____

Comments: _____

_____

◇ You got this! ◇

My Training Goals:

Date: _____

Floor: _____

_____

Pommel horse: _____

_____

Rings: _____

_____

Vault: _____

_____

Parallel bars: _____

_____

High bar: _____

_____

Comments: _____

_____

◇ Gymnastics counts as flying. ◇

My Training Outcomes:

Date: _____

Floor: _____

_____

Pommel horse: _____

_____

Rings: _____

_____

Vault: _____

_____

Parallel bars: _____

_____

High bar: _____

_____

Comments: _____

_____

◇ Men's gymnastics is awesome! ◇

My Training Goals:

Date: _____

Floor: _____

_____

Pommel horse: _____

_____

Rings: _____

_____

Vault: _____

_____

Parallel bars: _____

_____

High bar: _____

_____

Comments: _____

_____

 Rings, pommel, parallel bars, high bar, vault and floor!

My Training Outcomes:

Date: _____

Floor: _____

_____

Pommel horse: _____

_____

Rings: _____

_____

Vault: _____

_____

Parallel bars: _____

_____

High bar: _____

_____

Comments: _____

_____

◇ Don't forget to have fun. ◇

My Training Goals:

Date: _____

Floor: _____

_____

Pommel horse: _____

_____

Rings: _____

_____

Vault: _____

_____

Parallel bars: _____

_____

High bar: _____

_____

Comments: _____

_____

◇ Run towards a challenge, not away from it. ◇

My Training Outcomes:

Date: _____

Floor: _____
_____

Pommel horse: _____
_____

Rings: _____
_____

Vault: _____
_____

Parallel bars: _____
_____

High bar: _____
_____

Comments: _____
_____

◇ Fly like an eagle. ◇

My Training Goals:

Date: _____

Floor: _____

_____

Pommel horse: _____

_____

Rings: _____

_____

Vault: _____

_____

Parallel bars: _____

_____

High bar: _____

_____

Comments: _____

_____

◇ You're amazing. ◇

My Training Outcomes:

Date: _____

Floor:_____

_____

Pommel horse: _____

_____

Rings:_____

_____

Vault:_____

_____

Parallel bars: _____

_____

High bar: _____

_____

Comments:_____

_____

◇ Believe – achieve. ◇

My Training Goals:

Date: _____

Floor: _____

_____

Pommel horse: _____

_____

Rings: _____

_____

Vault: _____

_____

Parallel bars: _____

_____

High bar: _____

_____

Comments: _____

_____

◇ ... it's a gymnast thing. ◇

My Training Outcomes:

Date: _____

Floor: _____

_____

Pommel horse: _____

_____

Rings: _____

_____

Vault: _____

_____

Parallel bars: _____

_____

High bar: _____

_____

Comments: _____

_____

◇ Be strong, be powerful. And smile! ◇

My Training Goals:

Date: _____

Floor: _____

_____

Pommel horse: _____

_____

Rings: _____

_____

Vault: _____

_____

Parallel bars: _____

_____

High bar: _____

_____

Comments: _____

_____

◇ You can do it! ◇

My Training Outcomes:

Date: _____

Floor:_____

_____

Pommel horse: _____

_____

Rings:_____

_____

Vault:_____

_____

Parallel bars: _____

_____

High bar: _____

_____

Comments:_____

_____

◇ Go for gold! ◇

My Training Goals:

Date: _____

Floor: _____

_____

Pommel horse: _____

_____

Rings: _____

_____

Vault: _____

_____

Parallel bars: _____

_____

High bar: _____

_____

Comments: _____

_____

◇ Dreams are possible. ◇

My Training Outcomes:

Date: _____

Floor: _____

_____

Pommel horse: _____

_____

Rings: _____

_____

Vault: _____

_____

Parallel bars: _____

_____

High bar: _____

_____

Comments: _____

_____

◇ Flipping out is fun! ◇

My Training Goals:

Date: _____

Floor: _____

_____

Pommel horse: _____

_____

Rings: _____

_____

Vault: _____

_____

Parallel bars: _____

_____

High bar: _____

_____

Comments: _____

_____

 If you don't try – you won't know what you're actually capable of.

My Training Outcomes:

Date: _____

Floor: _____
_____

Pommel horse: _____
_____

Rings: _____
_____

Vault: _____
_____

Parallel bars: _____
_____

High bar: _____
_____

Comments: _____
_____

◇ You got this! ◇

My Training Goals:

Date: _____

Floor: _____

_____

Pommel horse: _____

_____

Rings: _____

_____

Vault: _____

_____

Parallel bars: _____

_____

High bar: _____

_____

Comments: _____

_____

Rings, pommel, parallel bars, high bar, vault and floor!

My Training Outcomes:

Date: _____

Floor:_____

_____

Pommel horse: _____

_____

Rings:_____

_____

Vault:_____

_____

Parallel bars: _____

_____

High bar: _____

_____

Comments:_____

_____

◇ Don't forget to have fun. ◇

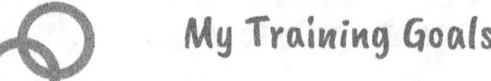

My Training Goals:

Date: _____

Floor: _____

_____

Pommel horse: _____

_____

Rings: _____

_____

Vault: _____

_____

Parallel bars: _____

_____

High bar: _____

_____

Comments: _____

_____

 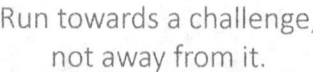

Run towards a challenge, not away from it.

My Training Outcomes:

Date: _____

Floor: _____

_____

Pommel horse: _____

_____

Rings: _____

_____

Vault: _____

_____

Parallel bars: _____

_____

High bar: _____

_____

Comments: _____

_____

◇ Fly like an eagle. ◇

 **My Training Goals:**

Date: _____

Floor: _____

_____

Pommel horse: _____

_____

Rings: _____

_____

Vault: _____

_____

Parallel bars: _____

_____

High bar: _____

_____

Comments: _____

_____

◇ You're amazing. ◇

My Training Outcomes:

Date: _____

Floor:_____

_____

Pommel horse: _____

_____

Rings:_____

_____

Vault:_____

_____

Parallel bars: _____

_____

High bar: _____

_____

Comments:_____

_____

◇ Believe – achieve. ◇

My Training Goals:

Date: _____

Floor: _____

_____

Pommel horse: _____

_____

Rings: _____

_____

Vault: _____

_____

Parallel bars: _____

_____

High bar: _____

_____

Comments: _____

_____

◇   ...it's a gymnast thing.   ◇

My Training Outcomes:

Date: _____

Floor:_____

_____

Pommel horse: _____

_____

Rings:_____

_____

Vault:_____

_____

Parallel bars: _____

_____

High bar: _____

_____

Comments:_____

_____

◇ Be strong, be powerful. And smile! ◇

My Training Goals:

Date: _____

Floor: _____

_____

Pommel horse: _____

_____

Rings: _____

_____

Vault: _____

_____

Parallel bars: _____

_____

High bar: _____

_____

Comments: _____

_____

◇ You can do it! ◇

My Training Outcomes:

Date: _____

Floor: _____
_____

Pommel horse: _____
_____

Rings: _____
_____

Vault: _____
_____

Parallel bars: _____
_____

High bar: _____
_____

Comments: _____
_____

◇ Go for gold! ◇

My Training Goals:

Date: _____

Floor: _____

_____

Pommel horse: _____

_____

Rings: _____

_____

Vault: _____

_____

Parallel bars: _____

_____

High bar: _____

_____

Comments: _____

_____

◇ Dreams are possible. ◇

My Training Outcomes:

Date: _____

Floor: _____

_____

Pommel horse: _____

_____

Rings: _____

_____

Vault: _____

_____

Parallel bars: _____

_____

High bar: _____

_____

Comments: _____

_____

◇ Flipping out is fun! ◇

 **My Training Goals:**

Date: _____

Floor:_____

_____

Pommel horse: _____

_____

Rings:_____

_____

Vault:_____

_____

Parallel bars: _____

_____

High bar: _____

_____

Comments:_____

_____

◇ Don't give up! ◇

My Training Outcomes:

Date: _____

Floor: _____

_____

Pommel horse: _____

_____

Rings: _____

_____

Vault: _____

_____

Parallel bars: _____

_____

High bar: _____

_____

Comments: _____

_____

◇ Train like a champion. ◇

My Competition Goals:

Competition: _____

Floor:_____

_____

Pommel horse: _____

_____

Rings:_____

_____

Vault:_____

_____

Parallel bars: _____

_____

High bar: _____

_____

Comments:_____

_____

◇ Aim high! ◇

My Competition Achievements:

Competition: _____

Floor: _____

_____

Pommel horse: _____

_____

Rings: _____

_____

Vault: _____

_____

Parallel bars: _____

_____

High bar: _____

_____

Comments: _____

_____

◇ You're a star! ◇

My Competition Goals:

Competition: _____

Floor: _____
_____

Pommel horse: _____
_____

Rings: _____
_____

Vault: _____
_____

Parallel bars: _____
_____

High bar: _____
_____

Comments: _____
_____

◇ If you don't try – you won't know ◇
what you're actually capable of.

My Competition Achievements:

Competition: _____

Floor:_____

_____

Pommel horse: _____

_____

Rings:_____

_____

Vault:_____

_____

Parallel bars: _____

_____

High bar: _____

_____

Comments:_____

_____

◇ You got this! ◇

My Competition Goals:

Competition: _____

Floor: _____
_____

Pommel horse: _____
_____

Rings: _____
_____

Vault: _____
_____

Parallel bars: _____
_____

High bar: _____
_____

Comments: _____
_____

◇ Rings, pommel, parallel bars, high bar, vault and floor! ◇

My Competition Achievements:

Competition: _____

Floor: _____

_____

Pommel horse: _____

_____

Rings: _____

_____

Vault: _____

_____

Parallel bars: _____

_____

High bar: _____

_____

Comments: _____

_____

◇ Don't forget to have fun. ◇

 **My Competition Goals:**

Competition: _____

Floor:_____

_____

Pommel horse: _____

_____

Rings:_____

_____

Vault:_____

_____

Parallel bars: _____

_____

High bar: _____

_____

Comments:_____

_____

 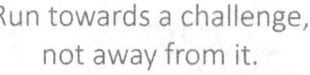

Run towards a challenge, not away from it.

My Competition Achievements:

Competition: _____

Floor:_____

_____

Pommel horse: _____

_____

Rings:_____

_____

Vault:_____

_____

Parallel bars: _____

_____

High bar: _____

_____

Comments:_____

_____

◇ Fly like an eagle. ◇

My Competition Goals:

Competition: _____

Floor: _____
_____

Pommel horse: _____
_____

Rings: _____
_____

Vault: _____
_____

Parallel bars: _____
_____

High bar: _____
_____

Comments: _____
_____

◇ You're amazing. ◇

My Competition Achievements:

Competition: _____

Floor:_____
_____

Pommel horse: _____
_____

Rings:_____
_____

Vault:_____
_____

Parallel bars: _____
_____

High bar: _____
_____

Comments:_____
_____

◇ Believe – achieve. ◇

My Competition Goals:

Competition: _____

Floor: _____

_____

Pommel horse: _____

_____

Rings: _____

_____

Vault: _____

_____

Parallel bars: _____

_____

High bar: _____

_____

Comments: _____

_____

◇ ...it's a gymnast thing. ◇

My Competition Achievements:

Competition: _____

Floor:_____
_____

Pommel horse: _____
_____

Rings:_____
_____

Vault:_____
_____

Parallel bars: _____
_____

High bar: _____
_____

Comments:_____
_____

◇ Be strong, be powerful. And smile! ◇

My Competition Goals:

Competition: _____

Floor: _____

_____

Pommel horse: _____

_____

Rings: _____

_____

Vault: _____

_____

Parallel bars: _____

_____

High bar: _____

_____

Comments: _____

_____

◇ You can do it! ◇

My Competition Achievements:

Competition: _____

Floor:_____

_____

Pommel horse: _____

_____

Rings:_____

_____

Vault:_____

_____

Parallel bars: _____

_____

High bar: _____

_____

Comments:_____

_____

◇ Go for gold! ◇

My Competition Goals:

Competition: _____

Floor: _____
_____

Pommel horse: _____
_____

Rings: _____
_____

Vault: _____
_____

Parallel bars: _____
_____

High bar: _____
_____

Comments: _____
_____

◇ Dreams are possible. ◇

My Competition Achievements:

Competition: _____

Floor: _____

_____

Pommel horse: _____

_____

Rings: _____

_____

Vault: _____

_____

Parallel bars: _____

_____

High bar: _____

_____

Comments: _____

_____

◇ Flipping out is fun! ◇

My Competition Goals:

Competition: _____

Floor: _____

_____

Pommel horse: _____

_____

Rings: _____

_____

Vault: _____

_____

Parallel bars: _____

_____

High bar: _____

_____

Comments: _____

_____

◇ Don't give up! ◇

My Competition Achievements:

Competition: _____

Floor: _____
_____

Pommel horse: _____
_____

Rings: _____
_____

Vault: _____
_____

Parallel bars: _____
_____

High bar: _____
_____

Comments: _____
_____

◇ Train like a champion. ◇

My Competition Goals:

Competition: _____

Floor: _____

_____

Pommel horse: _____

_____

Rings: _____

_____

Vault: _____

_____

Parallel bars: _____

_____

High bar: _____

_____

Comments: _____

_____

◇ Aim high! ◇

My Competition Achievements:

Competition: _____

Floor: _____

_____

Pommel horse: _____

_____

Rings: _____

_____

Vault: _____

_____

Parallel bars: _____

_____

High bar: _____

_____

Comments: _____

_____

◇ You're a star! ◇

My Competition Goals:

Competition: _____

Floor: _____
_____

Pommel horse: _____
_____

Rings: _____
_____

Vault: _____
_____

Parallel bars: _____
_____

High bar: _____
_____

Comments: _____
_____

◇ Gymnastics counts as flying. ◇

My Competition Achievements:

Competition: _____

Floor:_____

_____

Pommel horse: _____

_____

Rings:_____

_____

Vault:_____

_____

Parallel bars: _____

_____

High bar: _____

_____

Comments:_____

_____

◇ Men's gymnastics is awesome! ◇

My Competition Goals:

Competition: _____

Floor: _____

_____

Pommel horse: _____

_____

Rings: _____

_____

Vault: _____

_____

Parallel bars: _____

_____

High bar: _____

_____

Comments: _____

_____

◇ *If you don't try – you won't know what you're actually capable of.* ◇

My Competition Achievements:

Competition: _____

Floor:_____

_____

Pommel horse: _____

_____

Rings:_____

_____

Vault:_____

_____

Parallel bars: _____

_____

High bar: _____

_____

Comments:_____

_____

◇ You got this! ◇

My Competition Goals:

Competition: _____

Floor: _____

_____

Pommel horse: _____

_____

Rings: _____

_____

Vault: _____

_____

Parallel bars: _____

_____

High bar: _____

_____

Comments: _____

_____

◇ Aim high! ◇

My Competition Achievements:

Competition: _____

Floor: _____

_____

Pommel horse: _____

_____

Rings: _____

_____

Vault: _____

_____

Parallel bars: _____

_____

High bar: _____

_____

Comments: _____

_____

◇ You're a star! ◇

My Competition Goals:

Competition: _____

Floor: _____
_____

Pommel horse: _____
_____

Rings: _____
_____

Vault: _____
_____

Parallel bars: _____
_____

High bar: _____
_____

Comments: _____
_____

◇ Don't give up! ◇

My Competition Achievements:

Competition: _____

Floor: _____
_____

Pommel horse: _____
_____

Rings: _____
_____

Vault: _____
_____

Parallel bars: _____
_____

High bar: _____
_____

Comments: _____
_____

◇ Train like a champion. ◇

My Competition Goals:

Competition: _____

Floor: _____

_____

Pommel horse: _____

_____

Rings: _____

_____

Vault: _____

_____

Parallel bars: _____

_____

High bar: _____

_____

Comments: _____

_____

◇ Rings, pommel, parallel bars, ◇
high bar, vault and floor!

My Competition Achievements:

Competition: _____

Floor:_____

_____

Pommel horse: _____

_____

Rings:_____

_____

Vault:_____

_____

Parallel bars: _____

_____

High bar: _____

_____

Comments:_____

_____

◇ Don't forget to have fun. ◇

My Competition Goals:

Competition: _____

Floor: _____

_____

Pommel horse: _____

_____

Rings: _____

_____

Vault: _____

_____

Parallel bars: _____

_____

High bar: _____

_____

Comments: _____

_____

◇ Run towards a challenge, ◇
not away from it.

My Competition Achievements:

Competition: _____

Floor:_____

_____

Pommel horse: _____

_____

Rings:_____

_____

Vault:_____

_____

Parallel bars: _____

_____

High bar: _____

_____

Comments:_____

_____

◇ Fly like an eagle. ◇

 # Extra notes

www.ingramcontent.com/pod-product-compliance
Lightning Source LLC
Chambersburg PA
CBHW070436010526
44118CB00014B/2065